PAR FRANÇOIS HOLLANDE

7e Président de la Ve République

Leur République

expliquée aux jeunes et aux moins jeunes

Illustré par Laure Monloubou

Collection

Quand ça va Quand ça va pas

Glénat jeunesse

Merci à Olivier Duhamel pour sa lecture vigilante et amicale.
François Hollande

Ouvrage publié sous la direction de Maureen Dor

En coédition avec **Les Éditions Clochette**
Conception design : Sophie Fournier Villiot
Photographie de couverture : © 2020 - Christophe Lartige

Couvent Sainte-Cécile - 37 rue Servan - 38000 Grenoble - France.
www.glenat.com

Dépôt légal : février 2020
ISBN : 978-2-344-04084-3
Achevé d'imprimer en France en janvier 2020 par Pollina - 27228,
sur papier provenant de forêts gérées de manière durable.

PEFC 10-31-2065 / Certifié PEFC / pefc-france.org

Avant-Propos

La République appartient aux citoyens. Ils l'ont conquise, confortée, élargie. Sa vie est longue, mais elle a pourtant été chaotique, parfois interrompue, toujours restaurée. Elle s'est dotée, non sans mal, d'institutions solides. Depuis 1958, c'est la Ve République.

Les enfants d'aujourd'hui, comme leurs parents, n'ont connu que ce régime. Il est marqué par l'élection du président de la République au suffrage universel, c'est-à-dire le vote de toutes les Françaises et de tous les Français âgés de plus de 18 ans.

J'ai été le 7e président de la Ve République de 2012 à 2017. Sollicité par Maureen Dor et les Éditions Glénat, j'ai voulu rester dans l'esprit de cette collection en mettant en évidence « ce qui va » dans notre République et « ce qui ne va pas ». Je me suis efforcé de parler aux enfants en restant à ma place, celle d'un ancien Président, mais en utilisant des mots qui rendent accessibles des notions parfois mystérieuses, y compris pour les adultes.

J'ai veillé à être impartial. C'était mon devoir, compte tenu de la charge que j'avais exercée, mais je n'ai pas toujours pu cacher mes convictions. Celles-ci sont alors placées à côté de mon portrait pour n'influencer personne, et encore moins les futurs citoyens. J'aurais souhaité en dire davantage sur le fonctionnement de tous les pouvoirs publics, mais le format de ce livre m'obligeait à être sélectif et à en rester principalement à la description de nos institutions. Un autre volume viendra donc compléter celui-ci ; vous pensez bien que je n'ai pas pu tout dire et qu'il y aura une suite !

Mon vœu le plus cher serait que les enfants exercent leur curiosité pour découvrir une République qui a été bâtie pour eux et dont ils auront à démocratiser encore le fonctionnement et à la rendre la plus respectueuse possible de leurs droits. Elle sera ce qu'ils décideront d'en faire.

François Hollande

P.-S. : Le masculin employé pour présenter les fonctions est un « masculin neutre ». Évidemment que TOUS les mandats de la République peuvent et doivent être occupés par des femmes.

SOMMAIRE

QU'EST-CE QU'UN PAYS ?

Un pays désigne le territoire d'une nation. Il est délimité par des frontières, au sein d'un continent.

Les habitants de chaque pays sont représentés par un président ou, plus rarement, par un monarque.

Chaque pays a un drapeau, un hymne et une ou plusieurs langues nationales.

L'organisation de chaque pays est régie par une Constitution.

Un pays peut couvrir d'immenses territoires, comme la Russie (le plus grand), et de minuscules territoires, comme Monaco ou le Vatican.

La population des pays varie considérablement.
La Chine est le plus peuplé, avec 1,4 milliard d'habitants, et le Vatican est le moins peuplé, avec seulement 1 000 personnes.

Aucun pays n'a la même histoire et la même ancienneté.
Le pays le plus vieux du monde est l'Iran (anciennement appelé Perse), qui a plus de 6 000 ans, et le plus jeune est le Soudan du Sud, créé en 2011.

QU'EST-CE QU'UNE NATION ?

Le mot « nation » désigne une union de personnes qui, au sein d'un même territoire, partagent les mêmes valeurs, parlent une même langue et sont représentées par les mêmes institutions.

La France en quelques mots

Nous sommes
67 millions d'habitants
sur un territoire
de 672 051 km^2,
soit à peu près
100 habitants par km^2.

Nous sommes une république et notre fête nationale est le **14 juillet**.

La langue officielle est le français.

La langue de Molière

Notre hymne national s'appelle *La Marseillaise*.

Notre monnaie est l'euro depuis 2002, après avoir été très longtemps le franc.

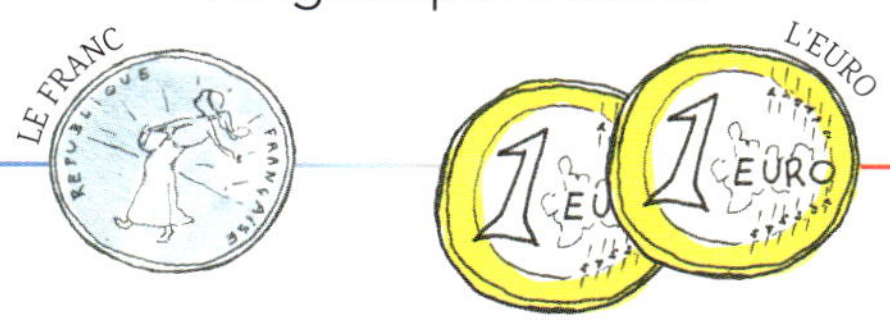

La région la plus peuplée de France est l'Île-de-France, avec plus de 12 millions d'habitants.

La région la moins peuplée de France est la Corse, avec moins de 340 000 habitants.

Depuis quand la France est-elle une République ?

Le 21 septembre 1792, les députés de la Convention nationale, réunis pour la première fois, décident à l'unanimité l'abolition de la monarchie en France.

Le 25 septembre 1792, la République est déclarée « unie et indivisible ». Cette première République durera jusqu'en 1804, quand Napoléon se fait sacrer empereur.

Pourquoi la France s'appelle-t-elle la France ?

Les Francs étaient un peuple de guerriers qui occupait, vers l'année 500 après J.-C., une large partie du territoire au nord de la Gaule. Le mot « Franc » signifiait « homme libre ». C'est quand Clovis devient le roi des Francs que le nom de « France » est donné à ce qui deviendra notre pays. Mais la France s'est constituée progressivement durant les siècles qui ont suivi, pour aboutir aux frontières que l'on connaît aujourd'hui.

Pourquoi notre fête nationale est-elle le 14 juillet ?

Parce que la France est devenue une nation avec la Révolution, qui a véritablement commencé par la prise de la Bastille, le **14 juillet 1789**.

Pourquoi notre drapeau est-il bleu, blanc, rouge ?

Ce drapeau bleu, blanc, rouge date de la Révolution de 1789. Le bleu et le rouge, couleurs des révolutionnaires parisiens, entourent le blanc, la couleur du roi.

Le tricolore symbolise alors la révolte du peuple pour obtenir la liberté. Il devient l'emblème de la France en 1794.

Qu'est-ce qu'une Constitution ?

Une Constitution est le cadre qu'une nation se donne pour permettre à tous ses habitants de vivre selon les mêmes règles.

C'est elle qui définit les droits et les libertés des citoyens, ainsi que l'organisation et la séparation des pouvoirs.

La séparation des pouvoirs

En France, il y a trois sortes de pouvoirs ; on parle alors de séparation des pouvoirs.

Le pouvoir législatif
qui élabore et vote les lois.
C'est le rôle du **Parlement**.

Le pouvoir exécutif
qui est chargé de faire fonctionner l'État et de le représenter. C'est la mission du **gouvernement** et du **chef de l'État**.

Le pouvoir judiciaire
qui veille au respect de la loi, sanctionne ceux qui s'en écartent et règle les conflits entre les citoyens. C'est le rôle des **tribunaux** et des **juges**.

La Déclaration des droits de l'homme et du citoyen.

C'est le 26 août 1789 que l'Assemblée nationale issue des États généraux décide de se doter d'un texte fondateur, sur le modèle de la Déclaration d'indépendance des États-Unis en 1776. C'est la Déclaration des droits de l'homme et du citoyen.

Le 3 septembre 1791, pour la première fois, est votée une Constitution en France.

La France a connu 14 Constitutions depuis 1791.

Aujourd'hui, la France vit sous la Cinquième République et notre Constitution renvoie dans son préambule à la Déclaration des droits de l'homme et du citoyen.

Comment acquiert-on la nationalité française ?

On est français par...

Le droit du sol

Il suffit d'être né en France.
Même si les deux parents sont étrangers, l'enfant qui aura résidé en France un certain nombre d'années deviendra automatiquement français à 18 ans.

Le droit du sang

Il faut qu'un des deux parents soit français.

Si le pays où on est né (autre que la France) donne aussi la nationalité de naissance, on peut avoir la double nationalité.

On peut acquérir la nationalité française...

En ayant séjourné en France pendant au moins 5 ans, si on est né à l'étranger de parents étrangers, à condition d'en faire la demande et d'être accepté.

En se mariant avec un ou une Française et avec au moins 4 ans de vie commune.

Il faut VRAIMENT vivre ensemble !

Pour être naturalisé (avoir le statut de citoyen français), il faut passer un examen de langue et de culture générale française.

Personne ne peut être apatride (n'avoir aucun pays).

Qu'est-ce que la démocratie ?

C'est le gouvernement du peuple, par le peuple, pour le peuple.

C'est le vote libre de tous les citoyens, ce qu'on appelle le suffrage universel direct, qui définit une démocratie.

La France est une démocratie parce que les citoyens choisissent ceux qui les gouvernent et disposent de libertés : penser, aller et venir, manifester, adhérer à des partis, associations ou syndicats, croire ou ne pas croire en une religion.

Une démocratie est souvent une république, mais ce peut être aussi une monarchie constitutionnelle (comme la Belgique, l'Espagne, la Grande-Bretagne ou la Suède).

On peut aussi être en république sans être en démocratie.

Les hommes ont eu le droit de vote en 1848. Les femmes, elles, ont dû attendre 1945, soit presque 100 ans plus tard.

Aujourd'hui, les citoyens élisent dès l'âge de 18 ans leurs représentants à tous les niveaux, depuis la commune jusqu'au Président.

Les règles de la démocratie

Pour qu'un pays soit considéré comme démocratique, il faut que :

- les citoyens en âge de voter puissent le faire librement et secrètement ;
- plusieurs partis politiques expriment des convictions différentes ;
- les citoyens puissent penser et afficher leurs opinions et leurs croyances comme ils l'entendent, sous réserve que celles-ci soient conformes à la loi ;
- la presse écrite (les journaux) comme audiovisuelle (la télévision et la radio) soit libre et non sous contrôle de l'État.

La démocratie, le meilleur des systèmes ?

De très « grands » pays ne sont pas des démocraties et, même s'ils se disent « démocratiques », ils n'en respectent pas les règles. Mais on ne va pas les nommer pour ne pas se fâcher avec eux…

Winston Churchill a dit : « La démocratie est un mauvais système, mais elle est le moins mauvais de tous les systèmes. »

Comment un pays peut-il évoluer vers la démocratie ?
Un pays peut évoluer par ses lois et l'engagement de ses citoyens pour assurer son développement économique, culturel, social, écologique et démocratique.

LES VALEURS DE LA RÉPUBLIQUE

« Liberté, Égalité, Fraternité » forme la devise de la République française depuis 1848. Cette devise se trouve sur la plupart des monuments publics (mairies et écoles publiques) et sur les papiers officiels.

LIBERTÉ

Elle figure dès l'article 1 de la Déclaration des droits de l'homme et du citoyen : **« Les hommes naissent et demeurent libres et égaux en droits. » « La liberté consiste à pouvoir faire tout ce qui ne nuit pas à autrui »** (article 4).

ÉGALITÉ

La Révolution de 1789 a voulu abolir les privilèges : tout le monde à égalité de droits et de devoirs ! L'égalité aussi est placée dans l'article 1 de la Déclaration des droits de l'homme et du citoyen. Comme pour la liberté, on la retrouve dans l'article 6 : **« La loi doit être la même pour tous, soit qu'elle protège, soit qu'elle punisse. »**

FRATERNITÉ

L'idée de fraternité n'apparaît pas dans la Déclaration des droits de l'homme et du citoyen. Il faut attendre la révolution de 1848 pour que le principe de fraternité soit inscrit dans la Constitution.

« La République a pour principe la Liberté, l'Égalité et la Fraternité » (article 4 du préambule de la Constitution de 1848).

« Les citoyens doivent concourir au bien-être commun en s'entraidant fraternellement les uns les autres » (article 4 du préambule).

La laïcité, une valeur de la République française

La laïcité, c'est d'abord une loi qui date de 1905, mais c'est aussi l'affirmation de principes qui nous permettent de vivre ensemble.

Que dit la loi de 1905 ?

Cette loi assure notre liberté de conscience et nous permet de choisir librement notre religion et nos idées politiques.

Elle consacre le droit de croire en la religion de son choix, mais aussi de ne croire en aucune.

Elle sépare les religions de l'État. L'État doit être neutre et ne peut financer aucun culte, même s'il reconnaît leur place dans la République.

Les règles à suivre...

Les fonctionnaires n'ont pas le droit de porter de signes religieux distinctifs dans les lieux publics.

Un professeur ne peut pas porter le voile, la kippa, une grande croix ou un bandeau sikh quand il est en classe ; de même pour les personnels dans les hôpitaux, la police ou les administrations.

À l'école, depuis l'élémentaire jusqu'au lycée, un élève ne peut pas porter de signe religieux trop visible et ne peut pas non plus afficher son appartenance politique.

Dans la rue, chacun est libre de se vêtir comme il le souhaite, mais on n'a pas le droit de dissimuler son visage.

Un employeur ne peut pas empêcher quelqu'un de pratiquer sa religion, mais un employé ne peut rien exiger au nom de sa religion.

La laïcité doit être comprise comme une façon de protéger notre liberté, mais aussi la liberté des autres, qui n'ont pas à supporter les influences d'une religion. La religion, c'est à la maison ou dans les lieux de culte (églises, mosquées, synagogues, temples...) !

LA LAÏCITÉ

Quand ça va !

Chacun se sent libre de pratiquer ou non une religion.

Quand ça va pas

Les uns se sentent menacés ou montrés du doigt en raison de leur foi et les autres se sentent agressés par des pratiques religieuses là où elles n'ont pas leur place.

Ailleurs dans le monde...

Au Danemark, pour devenir citoyen danois, il faut obligatoirement accepter de serrer la main d'une femme.

Aux États-Unis, au tribunal, on jure de dire la vérité sur la Bible ou un autre grand livre religieux.

Au Canada et en Grande-Bretagne, on peut porter le hijab (le foulard) si on est une policière ou une infirmière.

LES CONSTITUTIONS QUE LA FRANCE A CONNUES

Depuis 1792 (la Première République), la France a connu 14 Constitutions. C'est autant de régimes politiques différents.

Voici leur histoire, accrochez-vous !

1789 La Révolution française

La Révolution française de 1789 marque la fin de la monarchie absolue. Elle est remplacée par une **monarchie constitutionnelle** (le roi est encore roi, mais son pouvoir est limité et c'est l'Assemblée qui vote les lois).

1792 Première République

La Première République est proclamée en 1792 avec la destitution de Louis XVI.

1804 Premier Empire

Napoléon se fait couronner empereur.

1814 La Restauration

Napoléon abdique en 1814 pour laisser la place à la Restauration. Un roi est remis sur le trône. C'est Louis XVIII. Il y reste moins d'un an puisque Napoléon reprend le pouvoir pour 100 jours, jusqu'à sa défaite à Waterloo.

1815 Seconde Restauration

Louis XVIII revient pour une Seconde Restauration. En 1824, à sa mort, son frère Charles X lui succède.

1830 Monarchie de Juillet

Charles X est chassé par une révolution brève mais glorieuse qui aboutit à la Monarchie de Juillet. Il est remplacé par son cousin Louis-Philippe, qui n'est pas sacré roi de France, mais roi des Français.

1848 Deuxième République

Fin du règne de Louis-Philippe après un nouveau soulèvement populaire qui instaure la Deuxième République. Louis-Napoléon Bonaparte (le neveu de Napoléon) est élu président. Cette République ne dure que 4 ans.

1852 Second Empire

Louis-Napoléon Bonaparte (Napoléon III), ne pouvant pas se représenter selon la Constitution, organise un coup d'État pour se faire sacrer empereur en 1852. C'est le Second Empire.

1870 Troisième République

En 1870, avec la défaite de la France face à la Prusse, Napoléon III ne peut rester à la tête de l'État. Il abdique le 4 septembre 1870 et, une fois encore, la République est proclamée. C'est la Troisième République. Et celle-là durera 70 ans. Enfin un peu de stabilité !

1940-1945 Suspension des institutions

Avec la débâcle de 1940 face à l'Allemagne nazie, durant la Seconde Guerre mondiale, le maréchal Pétain, qui a reçu les pleins pouvoirs d'un Parlement apeuré, suspend les institutions et collabore avec l'occupant. Pendant ce temps-là, à Londres, le général de Gaulle installe la France libre et se prépare, avec les Alliés et la Résistance intérieure, à la victoire sur l'occupant.

1946 Quatrième République

En 1946, après la Libération, arrive la Quatrième République. Elle reconstruit la France, mais s'embourbe dans la décolonisation, notamment en Algérie, provoquant une grave crise qui justifie, en 1958, le retour du général de Gaulle, fort de son image de sauveur de la France.

1958 Cinquième République

De Gaulle propose une nouvelle Constitution, que le peuple français approuve par référendum le 28 septembre 1958 : c'est la Cinquième République qui s'installe. Nous y sommes toujours.

Les présidents de la Cinquième République

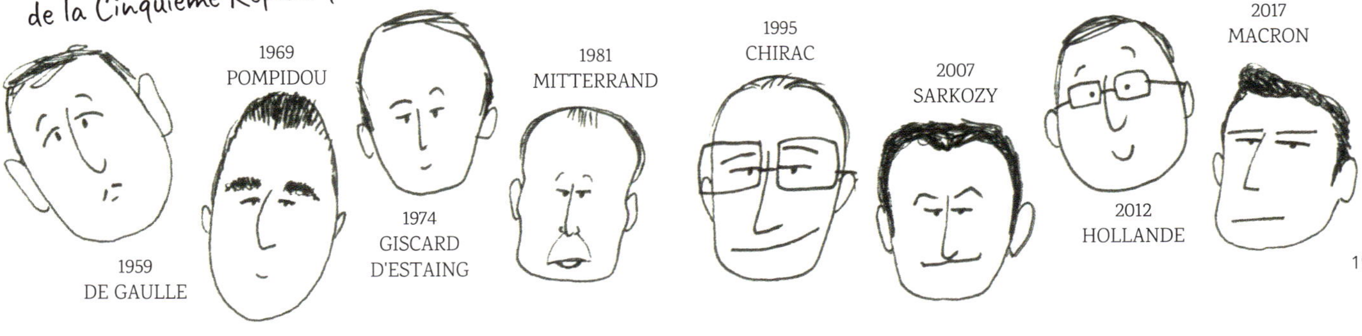

LES ÉLECTIONS

QUI PEUT ÊTRE ÉLU ?

Être citoyen français et avoir au moins 18 ans suffit pour pouvoir se présenter à une élection. Mais il faut avoir 24 ans pour être sénateur.

Il n'y a pas d'école pour devenir homme ou femme politique. **Ce n'est pas un métier, c'est une vocation.**

Faire de la politique, c'est avoir des idées pour sa commune, sa ville, sa région, son pays, et c'est vouloir tout faire pour améliorer la vie de ses concitoyens.

De plus en plus, les citoyens veulent des gens qui, par leurs parcours (dans une entreprise, un syndicat ou une association), leur proposent des idées originales pour changer les choses.

Parfois, on peut être maire ou parlementaire pour quelques années, puis on revient à son métier « d'avant ». Mais, avouons-le, c'est de plus en plus difficile.

C'EST QUOI, UN BON ÉLU ?

La qualité première d'un responsable politique, c'est d'avoir une conviction, ce en quoi il croit profondément, ce qu'il pense utile à réaliser. C'est l'idée qu'il va pouvoir changer la vie de son pays et, peut-être, du monde. Et chacun peut avoir une grande idée.

S'il est élu, l'homme politique (ou la femme politique, évidemment !) aura besoin de bons gestionnaires, de gens capables de traduire sa volonté en réalisations concrètes.
Mais l'élu ne peut pas être uniquement un bon gestionnaire : il doit être un visionnaire, un créateur, un passionné.

Comment vote-t-on ?

Tous les scrutins en France sont à deux tours (sauf les élections européennes, qui se tiennent en un seul jour).

Au premier tour, l'électeur a le choix entre tous les candidats ou entre toutes les listes qui se présentent.
Si un candidat obtient au moins 50 % des voix qui se sont exprimées, il est élu. Si personne n'obtient 50 %, un second tour est organisé un autre dimanche.

Pour l'élection présidentielle, seuls les deux candidats qui ont recueilli le plus de voix peuvent figurer au second tour.

Pour les autres élections, il faut avoir recueilli **un pourcentage minimum** (10 % pour les élections municipales). Pour être élu au second tour, il faut récolter le maximum de votes, même si la barre des 50 % des voix n'est pas atteinte.

Le vote est personnel.

Chacun doit se présenter dans son bureau de vote dans la commune où il est inscrit.

Le vote par procuration

En cas de maladie, de déplacement ou d'empêchement, on peut confier son droit de vote à la personne de son choix. C'est ce qu'on appelle une procuration. Elle doit être autorisée plusieurs jours avant le scrutin.

On vote à partir de 18 ans depuis 1974.

Pourquoi 18 ans ? Parce que c'est l'âge de la majorité, l'âge où l'on est responsable de ses actes.

On peut avoir des convictions à 18 ans !

Pourquoi ne pas le mettre à 16 ans ? Parce que, si on abaissait l'âge du vote, on devrait aussi abaisser la responsabilité civile et pénale. Ce qui, pour les jeunes, serait lourd de conséquences, puisqu'ils ne seraient plus considérés comme des mineurs, mais comme des majeurs.

Certains pensent que le vote doit être obligatoire, mais en France nous avons le DROIT de voter, et non pas le devoir de voter. Ce geste civique doit rester une liberté !

LE VOTE BLANC OU NUL

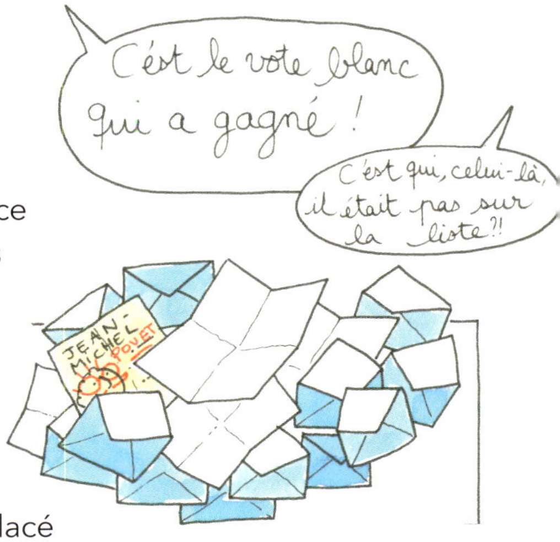

Un vote est dit « blanc » si un citoyen se déplace jusqu'au bureau de vote, mais ne met rien dans l'enveloppe. Un vote est considéré comme nul s'il est raturé, déchiré, ou s'il porte un autre nom que les candidats déclarés.

Aujourd'hui, on ne compte pas ces suffrages dans les bulletins exprimés. Ce qui est une frustration pour celui ou celle qui s'est déplacé pour exprimer son opinion : celle de ne se sentir représenté par aucun candidat ou aucun parti en compétition.

QUAND VOTE-T-ON ?

Une élection n'est pas improvisée, elle est organisée selon des règles expliquées aux électeurs et des calendriers connus de tous.

Tous les 5 ans

- Une élection présidentielle pour élire le chef de l'État.
- Des élections législatives pour choisir les députés.
- Des élections européennes pour désigner les eurodéputés.

Tous les 6 ans

- Des élections municipales pour élire le maire et les conseillers municipaux.
- Des élections départementales pour élire les membres des conseils départementaux.
- Des élections régionales pour élire les membres des assemblées régionales.

On vote : en mai 2019 pour les élections européennes, en mars 2020 pour les élections municipales, en 2021 pour les élections départementales et les élections régionales, en mai 2022 pour l'élection présidentielle, et immédiatement après pour les élections législatives.

Pourquoi ne pas regrouper les différentes élections ? On voterait moins souvent et les électeurs seraient peut-être plus nombreux à se rendre aux urnes. Le Parlement pourrait le décider sans devoir changer la Constitution.

Les élections

Quand ça va !

- Les électeurs ont pu voter librement sans pressions ni entraves.
- Le résultat a été accepté par tous et vérifié par un organe indépendant (le Conseil constitutionnel pour les élections du Président et des parlementaires).
- Les candidats ont pu faire une campagne électorale en ayant accès aux médias et, surtout, ont pu se financer (des banques ont prêté l'argent). Ils seront remboursés d'une grande partie de leurs frais si leur score dépasse 5 % des suffrages exprimés.

Cette indépendance financière est capitale pour que le candidat ne doive pas aller chercher trop d'argent auprès de particuliers ou d'entreprises qui lui demanderaient peut-être des services en échange, une fois élu.

Quand ça va pas ?

- Les élections sont truquées par la fraude.
- Les dépenses sont plus importantes que ce que la loi permet (alors le candidat n'est pas remboursé et il devient inéligible).
- Il y a eu de la propagande agressive la veille du jour de vote, alors que c'est interdit.
- L'abstention est très importante et dépasse les 50 ou 60 %. L'élection est tout de même valide et reconnue juridiquement, mais elle traduit l'indifférence et le mécontentement des citoyens.
- Il y a des erreurs ou des fraudes dans le calcul des voix : des bulletins de vote ont été comptabilisés deux fois, on a pris en considération des bulletins d'électeurs qui ne sont pas inscrits sur les listes électorales, ou même... qui sont déjà morts !

Ailleurs dans le monde...

Il y a des élections dans tous les pays du monde. Même si, dans certains pays, voter ne veut pas forcément dire avoir le choix.

En Europe, le vote est obligatoire en Belgique, à Chypre, au Danemark, en Grèce, au Liechtenstein et au Luxembourg. Dans ces pays, si on ne vote pas, on a une amende.

LES MOUVEMENTS POLITIQUES

À la Révolution, quand les premiers députés se sont réunis, il a fallu qu'ils se placent dans l'hémicycle, ou plutôt ce qu'on appelait la « salle de réunion », à l'époque.

Ceux qui voulaient l'égalité parfaite se sont mis à gauche.

Ceux qui voulaient des compromis se sont mis au centre, qu'on appelait le Marais.

Ceux qui défendaient les privilèges se sont mis à droite.

à gauche **au centre** **à droite**

En plus des mouvements politiques de droite, de gauche et du centre, il y a aussi l'extrême gauche, l'extrême droite, le mouvement écologiste et d'autres mouvements plus petits.

LA DROITE

Le mot pour définir
la droite serait la liberté.

Dans la droite, il y a la confiance dans l'entreprise et l'idée que la liberté individuelle est plus efficace que l'intervention de l'État.

La droite défend davantage l'ordre et l'autorité. Elle veut le moins de règles possible en économie et montre un certain conservatisme sur la question des mœurs, au nom de la famille et de ses valeurs.

Les partis de droite demandent que les impôts soient réduits pour ne pas décourager l'épargne et l'investissement, et pour défendre la propriété privée.

Le risque, c'est de creuser les inégalités.

LE CENTRE

Le centre pense qu'il y a de bonnes idées à prendre à droite et à gauche, et qu'il faut être modéré en tout domaine. Il se méfie de l'État et préfère utiliser l'action locale. Le centre aspire à un équilibre entre la justice sociale et la compétition économique.

Le risque, c'est de faire les choses à moitié et de finir par ne satisfaire personne.

La gauche

Le mot pour définir
la gauche serait l'égalité.

L'égalité par :

La connaissance, l'éducation et
le savoir dispensés à tous ;

La redistribution des richesses
à travers l'impôt ;

L'accès à la santé, le droit
à la retraite et l'indemnisation
du chômage, afin que
personne ne reste
au bord du chemin.

La gauche défend l'émancipation des mœurs, comme la mise en place du « mariage pour tous » qui permet aux personnes de même sexe de se marier.

La gauche pense qu'il y a des biens publics, tels : l'électricité, la santé, l'éducation et les transports, qui doivent rester dans la propriété de l'État.

Le risque, c'est d'avoir des impôts trop lourds et des personnes qui s'installent dans une forme de dépendance à l'égard de l'État et des aides sociales.

L'EXTRÊME GAUCHE

L'extrême gauche souhaite l'égalité totale.

Elle veut une économie largement contrôlée par l'État.

Elle propose une augmentation des dépenses publiques, quitte à s'endetter.

Au nom de la critique du libre-échange, elle conteste l'Union européenne et appelle à une protection des entreprises face à la concurrence mondiale.

Le risque, c'est de ne plus avoir grand-chose à partager, d'augmenter la dette publique sans être certain de trouver des prêteurs pour la financer.

L'EXTRÊME DROITE

L'extrême droite considère que chaque pays doit vivre séparément des autres afin de préserver les modes de vie et l'identité nationale. Elle demande donc la fermeture de nos frontières pour ne pas laisser entrer les produits venant de l'étranger. Elle refuse toute immigration et promet d'expulser tous les étrangers entrés sans autorisation sur notre territoire.
L'extrême droite ne se reconnaît pas dans les principes de l'Union européenne et menace d'en faire sortir la France. Elle revendique un État fort et autoritaire, au détriment des libertés.

L'extrême droite, c'est : « La France et les Français d'abord ! » On appelle cela : le nationalisme.

Le risque, c'est d'isoler la France par rapport au monde et de nous opposer les uns aux autres selon nos origines et nos religions.

LES ÉCOLOGISTES

Les écologistes considèrent que, face aux dangers que court la planète, seules des mesures qui réduisent radicalement la consommation d'énergies fossiles (pétrole, gaz, charbon), l'usage de l'automobile et les pratiques agricoles intensives peuvent limiter le réchauffement climatique et la pollution.

Ils demandent un relèvement des taxes sur tous les produits susceptibles de polluer la planète et l'arrêt de tous les «grands» chantiers (aéroports, tunnels ferroviaires, autoroutes…). Ils exigent que soient progressivement fermées les centrales nucléaires, en raison des dangers qu'elles représenteraient à leurs yeux.

Le risque, c'est d'arrêter la croissance de l'économie et d'augmenter le prix des carburants et des produits de consommation.

LES AUTRES MOUVEMENTS

Il y a toujours eu des petits ou même des «micro»-mouvements, souvent créés autour d'une personnalité.

Il y a aussi des formations politiques qui se mobilisent autour d'une cause (comme la chasse ou, au contraire, le parti des animaux).
C'est ce qui explique que, aux élections européennes, 30 listes étaient candidates.

Quand ça va !

Le nombre de candidats est limité.

Tout le monde peut s'exprimer et se sent entendu.

Toutes les idées sont représentées.

Quand ça va pas ?

- Un parti utilise la rue pour obtenir ce qu'il n'a pas obtenu par les urnes.
- Les citoyens trouvent que la représentation politique, pourtant variée, ne leur convient pas et expriment leur mécontentement dans l'abstention et le vote blanc.
- Les discours haineux s'installent dans le débat électoral.

Ailleurs dans le monde...

Aux États-Unis, on parle de « démocrates » et de « républicains », mais ce n'est pas tout à fait la gauche et la droite.

En Grande-Bretagne, on nomme les gens de droite les « tories » (en français, les conservateurs) et le parti de gauche le « Labour » (en français, les travaillistes).

ÊTRE PRÉSIDENT DE LA RÉPUBLIQUE

Tout Français de plus de 18 ans peut être candidat à la présidence de la République.

Pour se présenter

Il faut avoir recueilli 500 signatures d'élus (souvent des maires), qui seront vérifiées par le Conseil constitutionnel* et qui donnent le droit de faire campagne électorale en ayant accès aux médias.

Pour être élu

Pour être élu à la présidence de la République, le ou la candidate doit obtenir la moitié plus une voix de ceux des 47 millions d'inscrits qui iront voter le jour du scrutin.

* Voir page 44 : le Conseil constitutionnel

Comment devient-on Président ?

Il n'y a pas d'école qui prépare à la fonction de président de la République. Ce n'est pas un concours ou un examen, c'est une élection.

Il y a des études qui donnent une certaine connaissance de l'État, de l'économie et de la situation du monde. Elles peuvent aider à un bon exercice de la fonction.

Mais les études ne fourniront jamais ce « petit plus » qui nous donne envie de voter pour un candidat.

Les grands pouvoirs du Président

Le Président est le chef des armées.

Il peut décider d'engager les forces armées à l'extérieur de notre pays. Mais cette opération ne peut pas se prolonger sans l'accord du Parlement.

Quand on dit que le Président a le pouvoir suprême, c'est parce qu'il est le SEUL à pouvoir déclencher l'utilisation de la bombe atomique.

Le Président a engagé les forces armées au Mali en janvier 2013. Le Parlement a approuvé ce choix en votant la poursuite de l'intervention militaire au Mali le 22 avril 2013.

L'arme nucléaire est une arme de dissuasion. Elle est là pour convaincre un éventuel ennemi qu'il aurait à subir de grosses pertes s'il nous attaquait.

La France n'attaquera jamais la première avec le feu nucléaire. C'est seulement si notre territoire était physiquement envahi que le chef de l'État pourrait utiliser la bombe atomique. Il n'est pas obligé d'avoir l'accord préalable du Parlement, parce que cette décision doit être prise très rapidement.

La mallette nucléaire n'existe pas, ni la clef, ni le code que le Président serait supposé avoir toujours sur lui et qu'il transmettrait à son successeur. C'est un "truc" pour les films de cinéma.

Le Président fixe les grandes orientations de la politique de notre pays.

Le Président nomme le Premier ministre et compose le gouvernement.

Il nomme aussi les ambassadeurs, les préfets et les directeurs des principales administrations lors du Conseil des ministres.

Il préside chaque mercredi le Conseil des ministres à l'Élysée*.

* L'Élysée est le palais où travaillent le président de la République ainsi que ses équipes et où il est amené à vivre le plus souvent.

Il représente la France à l'étranger.

Il dialogue avec les chefs d'État des plus grandes puissances. Il peut même avoir des rapports amicaux avec certains d'entre eux, et il doit toujours faire preuve de ce qu'on appelle la « diplomatie ».

Il siège au Conseil européen, car la France est un acteur majeur de la construction européenne.

Le Président peut consulter les Français.

Il peut consulter directement le peuple français en lui posant une question.
C'est ce qu'on appelle : **le référendum**.

Le dernier référendum a porté, en avril 2005, sur le traité constitutionnel européen, que les Français ont rejeté à 55 %.

Il rencontre de façon publique ou discrète des personnes qui peuvent lui donner des avis, des propositions et des informations qui l'aident dans l'exercice de sa fonction.

Pour exercer de tels pouvoirs, il est recommandé au Président de rencontrer régulièrement les Français et d'expliquer ses choix (à la télévision et sur les réseaux sociaux, par exemple).

LE PRÉSIDENT DE LA RÉPUBLIQUE

Quand ça va !

- Le Président a été élu et dispose d'une majorité à l'Assemblée nationale pour gouverner.
- Il est populaire auprès des Français.
- Il peut engager les réformes promises dans son programme.
- Il travaille avec un Premier ministre avec lequel il s'entend bien.

Quand ça va pas ?

- Le Président a commis une grave faute qui a porté atteinte à l'honneur de la France. Il peut alors être **destitué par le Parlement**, constitué en Haute-Cour. Mais ce n'est jamais arrivé.
- Le Président est en conflit avec la majorité de l'Assemblée nationale et il est obligé de choisir un Premier ministre qui n'a pas les mêmes idées que lui. C'est ce qu'on appelle **la cohabitation**.
- **Sa politique est rejetée par les Français,** qui manifestent massivement dans la rue ou rejettent sa proposition lors d'un référendum. Ce fut le cas en 1969, où le général de Gaulle démissionne après un référendum.

Ailleurs dans le monde...

- En Ukraine, le président Volodymyr Zelensky est un ancien acteur comique qui jouait le rôle d'un président dans une série télé.
- Aux États-Unis, le président Donald Trump est un ancien homme d'affaires qui n'avait jamais participé à des élections auparavant.
- En Irlande, le président Michael Daniel Higgins est un poète.

LE GOUVERNEMENT

Le gouvernement, c'est une équipe chargée d'administrer la France. Dirigée par un Premier ministre, elle est composée de membres responsables chacun d'un ministère.

Le gouvernement doit avoir la confiance de l'Assemblée nationale.* C'est-à-dire avoir le soutien d'une majorité de députés qui s'expriment par un vote de confiance quelques jours après la constitution du gouvernement.

Le président de la République réunit son gouvernement pour faire le point tous les mercredis matin, lors du Conseil des ministres. C'est lors de celui-ci que sont approuvés les projets de lois qui seront soumis au Parlement et que sont prises les décisions importantes pour notre pays.

Le gouvernement peut être renversé par l'Assemblée nationale lorsqu'une motion de censure est votée par une majorité de députés. C'est arrivé une fois sous la Ve République (en 1962). Le Président peut alors choisir un autre Premier ministre ou dissoudre l'Assemblée nationale et provoquer de nouvelles élections de députés.

La motion de censure est le principal moyen dont dispose le Parlement pour montrer qu'il est en désaccord avec la politique du gouvernement et pour le forcer à démissionner.

* Voir page 40 : L'Assemblée nationale
« Le Parlement est formé de l'Assemblée nationale et du Sénat »

Être Premier ministre

Le Premier ministre est nommé par le président de la République.
Souvent, le Président a déjà en tête le nom de son futur Premier ministre pendant la campagne présidentielle.
Mais il n'en dit rien, car c'est le Président seul qui est élu, et pas son Premier ministre ou son gouvernement.

Le Premier ministre n'est pas nécessairement le meilleur ami du Président, mais quelqu'un en qui il a confiance pour diriger le gouvernement.

Le Président peut changer de Premier ministre.
Il lui demande alors de présenter la démission de son gouvernement.
Il nomme ensuite un nouveau Premier ministre, qui formera un nouveau gouvernement.

Le Premier ministre doit être choisi parmi la majorité parlementaire.
Celle-ci est souvent du même bord politique que le Président.

Mais si le parti du Président perd les élections législatives, le Président doit alors choisir son Premier ministre parmi ses opposants.
Cela s'appelle la **cohabitation**. C'est arrivé trois fois sous la Ve République.

Quel est le rôle du Premier ministre ?

Le Premier ministre est le chef du gouvernement. Il coordonne les différents ministères. Il fait des arbitrages : il donne raison à l'un ou à l'autre.

Des désaccords peuvent surgir sur des questions sensibles. Par exemple : entre le ministère de l'Agriculture et celui de l'Écologie, entre le ministère de la Défense et celui des Affaires étrangères, ou encore entre le ministère de la Justice et celui de l'Intérieur. C'est le Premier ministre, avec le ministre du Budget, qui répartit les ressources entre les différents ministères.

Dans tous les cas, lorsqu'il y a un différend, c'est le Premier ministre qui doit trancher, sous l'autorité du président de la République.

En 1991, Édith Cresson est la première femme nommée Premier ministre en France.

Les ministres

Ils sont nommés par le Président sur proposition du Premier ministre. Ce sont souvent ses plus proches soutiens, avec lesquels il entretient parfois des relations d'amitié. Ils peuvent faire partie du monde politique, mais peuvent aussi être des personnalités extérieures.

Le choix du Président

Après son élection, le Président choisit librement ses ministres.

Le rôle du Premier ministre

Le Premier ministre présente au Président une liste de personnalités capables d'être ministres. Mais c'est le Président qui a le dernier mot.

Le libre arbitre des ministres

Le Président peut révoquer ses ministres à tout moment. Mais eux aussi peuvent démissionner quand ils ne sont pas d'accord avec les décisions du Président ou quand ils sont mis en cause par la justice.

Le nombre de ministres varie selon la volonté du président de la République.

Les catégories de ministres :

Dans un gouvernement, il y a plusieurs catégories de ministres.

Les ministres régaliens

Ce sont ceux qui dirigent un ministère qui existe depuis toujours, y compris sous la monarchie.

Ils étaient déjà ministres avant la Révolution ?!

Le ministre de la Justice

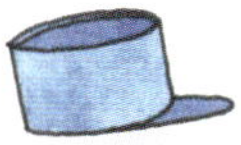

Le ministre de l'Intérieur (police et gendarmerie)

Le ministre de la Défense

Le ministre des Affaires étrangères

Les ministres responsables d'un secteur déterminé

Des ministres "normaux", quoi ?!

Le ministre du Travail

Le ministre de la Transition écologique

Le ministre des Solidarités et de la Santé

Le ministre de la Cohésion des territoires et des Relations avec les collectivités territoriales

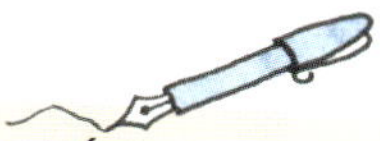

Le ministre de l'Éducation nationale et de la Jeunesse

Le ministre des Comptes publics

Le ministre de l'Enseignement supérieur, de la Recherche et de l'Innovation

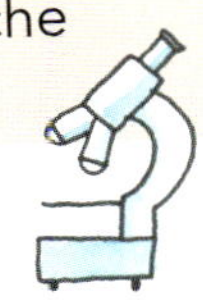

Le ministre de l'Outre-mer

Le ministre des Sports

Le ministre de la Culture

Le ministre de l'Agriculture et de l'Alimentation

Les ministres d'État

Un peu des ministres "chouchous" ?!

Pour montrer l'importance du domaine ou de la personnalité du ministre, le Président donne le titre honorifique de « ministre d'État ».

Cette distinction n'a pas de conséquences sur le budget du ministère ou sur sa place effective dans le gouvernement.

Les secrétaires d'État

«En dessous» des ministres, il y a les secrétaires d'État, qui suivent un dossier particulier au sein du ministère.

Sous la ministre de la Santé, il y a le secrétaire d'État auprès de l'Enfance et le secrétaire d'État auprès des Personnes âgées.

Le gouvernement compte souvent le même nombre d'hommes et de femmes. C'est ce qu'on appelle **la parité**.

Les secrétaires d'État ou les ministres peuvent être issus du monde politique ou ne pas en faire partie et avoir une certaine compétence dans un domaine professionnel. On les appelle alors des personnalités de la société civile.

Les secrétaires d'État, comme les ministres, ne doivent pas spécialement être des experts dans leur domaine. Mais ils doivent avoir la force de conviction pour porter le projet de leur ministère devant le Parlement et devant leurs concitoyens.

Les ministres sont parfois en désaccord, mais ils doivent rester solidaires sur la politique du gouvernement ; sinon, les citoyens ne comprennent pas la direction que prend le gouvernement.

On parle de «couacs» quand les ministres tiennent des propos différents sur le même sujet.

Le gouvernement

Quand ça va !

- Les projets de lois préparés par le gouvernement sont votés par le Parlement.
- Les ministres s'entendent bien entre eux et ne se critiquent pas dans les journaux.
- Le Président et le Premier ministre sont sur la même longueur d'onde.

- Le gouvernement met en action le programme du président de la République avec le soutien de la majorité de l'Assemblée nationale.
- Les ministres ont un bon dialogue avec les fonctionnaires de leur ministère. Ceux-ci les respectent et appliquent leurs décisions.

Quand ça va pas.

- Le Premier ministre n'a plus la confiance du Président.
- Les ministres se critiquent publiquement.

- Le gouvernement propose des lois que les députés ne veulent pas voter.
- Un ministre démissionne pour exprimer son désaccord avec le gouvernement.
- Un ministre a commis une faute morale ou politique, et le Président doit le révoquer.
- Les fonctionnaires de certains ministères sont en désaccord avec leur ministre et le font savoir par des manifestations et des grèves.

Ailleurs dans le monde...

- Le Cameroun est le pays qui compte le plus de ministres : 65 ministres pour 23 millions d'habitants.
- La Chine n'a que 28 ministres pour 1,5 milliard d'habitants.
- La Belgique a 55 ministres pour 11,5 millions d'habitants.

LE PARLEMENT

Le Parlement est formé de l'Assemblée nationale et du Sénat. Le rôle des parlementaires est de voter les lois, d'adopter le budget et de contrôler l'action du gouvernement.

L'ASSEMBLÉE NATIONALE

L'Assemblée nationale est composée de 577 députés élus au suffrage universel direct dans le cadre d'une circonscription.

Le suffrage universel direct est un système électoral où tous les citoyens votent directement pour un des candidats à l'élection.

Le député n'est pas le chef d'une administration. Une fois élu, le député devient le représentant de toute la nation, et non pas celui d'un territoire.

La circonscription est un découpage du territoire qui va servir de cadre à l'élection des députés. Elle représente environ 100 000 habitants. C'est une délimitation purement électorale.

Les députés

Les députés forment l'Assemblée nationale et siègent au Palais-Bourbon. Ils se répartissent dans des groupes politiques différents.

Il faut 15 députés minimum pour faire un groupe à l'Assemblée.

Chaque député est membre d'une commission de travail. Il y a 8 commissions et une délégation pour l'Europe.

Les 8 commissions permanentes

Développement durable et aménagement du territoire

Affaires culturelles et éducation

Finances

Affaires économiques

Défense nationale et forces armées

Lois

Affaires sociales

Affaires étrangères

Les projets de lois

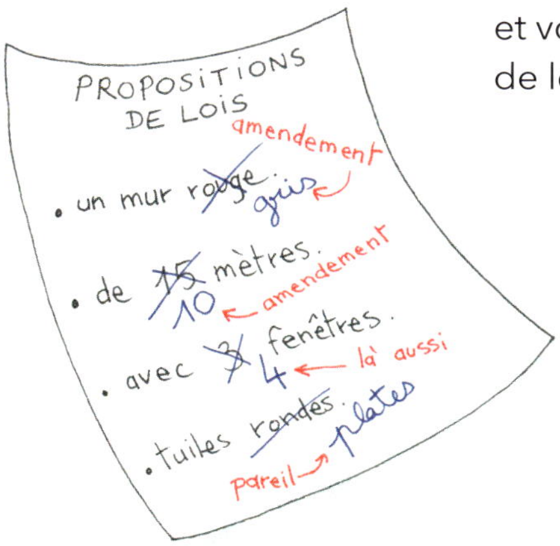

C'est d'abord en commission que les textes sont amendés et votés. C'est sur la base de ce travail que les projets de lois sont discutés par toute l'Assemblée nationale.

Sachant que les textes sont le plus souvent rédigés par le gouvernement, les amendements représentent les modifications que les députés apportent aux projets de lois.

Pour qu'un projet de loi soit adopté par l'Assemblée, il faut qu'il rassemble une majorité des membres présents dans l'hémicycle.

Ces dernières années, le statut des parlementaires a changé puisqu'ils ne peuvent plus cumuler un mandat national (être député ou sénateur) avec un mandat d'exécutif local (maire ou conseiller régional), afin qu'ils puissent se consacrer pleinement à leur tâche de législateur.

La composition de l'Assemblée nationale ainsi que le mode d'élection des députés peuvent être modifiés par une simple loi, et non par un changement de Constitution.

Le Sénat

Le Sénat est constitué de 348 membres élus au suffrage universel indirect.
Cela veut dire qu'ils sont élus par d'autres élus (les maires, les conseillers municipaux, départementaux, régionaux, les députés).

Pour qu'une loi soit adoptée, elle doit être votée par les sénateurs et les députés au Sénat et à l'Assemblée. Mais, comme l'Assemblée et le Sénat peuvent ne pas avoir les mêmes majorités politiques, il a été convenu que c'est l'Assemblée nationale qui aura le dernier mot parce que les députés ont été désignés au suffrage universel direct.

Le vrai pouvoir des sénateurs
est de bloquer toute révision constitutionnelle, parce qu'il faut que le texte soit d'abord adopté par chacune des deux assemblées.
En ce cas, il est soumis soit à un référendum, soit aux deux assemblées réunies en Congrès.
Il faut alors obtenir une majorité des 3/5 des suffrages exprimés.

Pour contourner le Sénat, le président de la République pourrait organiser un référendum.

Le Parlement

Quand ça va !

- L'Assemblée nationale et le Sénat trouvent un accord sur le même texte. Sinon, l'Assemblée nationale, qui a le dernier mot, vote le projet du gouvernement après que celui-ci a accepté certaines corrections.

Quand ça va pas.

- Les parlementaires multiplient les amendements et font ainsi de l'obstruction pour ralentir les débats.
- L'Assemblée nationale et le Sénat retardent, par leurs désaccords, l'adoption de la loi.
- L'Assemblée nationale est réticente à voter un texte du gouvernement. Celui-ci recourt à l'article 49-3 de la Constitution, qui entraîne la suspension immédiate de la discussion d'un projet de loi.
- Ce projet de loi est alors considéré comme adopté sans être soumis au vote, s'il n'y a pas eu vote d'une motion de censure par une majorité de députés.
- Si une motion de censure est votée, le gouvernement doit démissionner.

Ailleurs dans le monde...

- Le Royaume-Uni est le pays européen qui a le plus de parlementaires. Ils sont 1 410, répartis entre la Chambres des lords et la Chambre des communes.
- En Italie, ils sont 925.
- En Suède, ils ne sont « que » 349.
- La France, elle, compte 925 parlementaires (577 députés et 348 sénateurs).

LE CONSEIL CONSTITUTIONNEL

Créé en 1958 par le général de Gaulle, le Conseil constitutionnel est une sorte de contre-pouvoir au Parlement en étant le garant de la Constitution française.

Le Conseil constitutionnel est composé de 9 membres nommés pour 9 ans :

3 membres nommés par **le président de l'Assemblée**

3 membres nommés par **le président du Sénat**

3 membres nommés par **le président de la République**

Les anciens présidents de la République sont membres d'office du Conseil constitutionnel, mais certains ont choisi de ne pas y siéger.

Moi Président, j'avais proposé que les anciens présidents de la République ne siègent plus automatiquement au Conseil constitutionnel. Personnellement, j'ai refusé d'y siéger.

> Le Conseil constitutionnel est saisi soit par le président de la République, par le président de l'Assemblée nationale, ou par le président du Sénat. Mais aussi par au moins 60 députés ou 60 sénateurs.

Plus récemment, la Constitution a accordé aux Français, lors d'un procès, de s'en remettre au Conseil constitutionnel, afin de regarder si des lois déjà en vigueur respectaient les libertés et les droits fondamentaux.

Le rôle du Conseil constitutionnel

Le Conseil constitutionnel vérifie si les lois votées par le Parlement respectent la Constitution - à la fois son texte, mais aussi son esprit à travers la Déclaration des droits de l'homme et du citoyen.

- Le Conseil constitutionnel se veut protecteur des principes fondamentaux de notre République en permettant aux citoyens de faire valoir les droits et les libertés qu'ils tiennent de la Constitution, et surtout par son préambule de la Déclaration des Droits de l'Homme.
- Il veille à la régularité des élections nationales et des référendums.
- Il proclame, après vérification des votes, le résultat de l'élection présidentielle. Il peut aussi annuler l'élection des députés et des sénateurs si le scrutin a été marqué par des irrégularités.
- Il contrôle si les dépenses de campagne des candidats à l'élection présidentielle ont respecté les plafonds et les dons autorisés.

En 1971, il décide même d'annuler une loi, car elle contrevient à l'un des principes fondamentaux tirés de la Déclaration des droits de l'homme et du citoyen.

On l'appelle parfois le « conseil des Sages » parce que ses membres doivent dire si certaines lois de société (le mariage, l'IVG) sont conformes à la liberté et à la dignité humaine.

Le pouvoir du Conseil constitutionnel

Il peut annuler certaines dispositions d'une loi, ou même la déclarer non conforme à la Constitution, si elles ne respectent pas les grands principes de notre République.
Le Conseil constitutionnel est une garantie pour les citoyens parce que ses décisions s'imposent à tous, même au président de la République.

Le Conseil constitutionnel

Quand ça va !

- Le Conseil constitutionnel a examiné très précisément une loi qui lui a été soumise et la déclare conforme à la Constitution. À ce moment-là, la loi est promulguée par le Président, c'est-à-dire publiée. Et elle entre en vigueur.

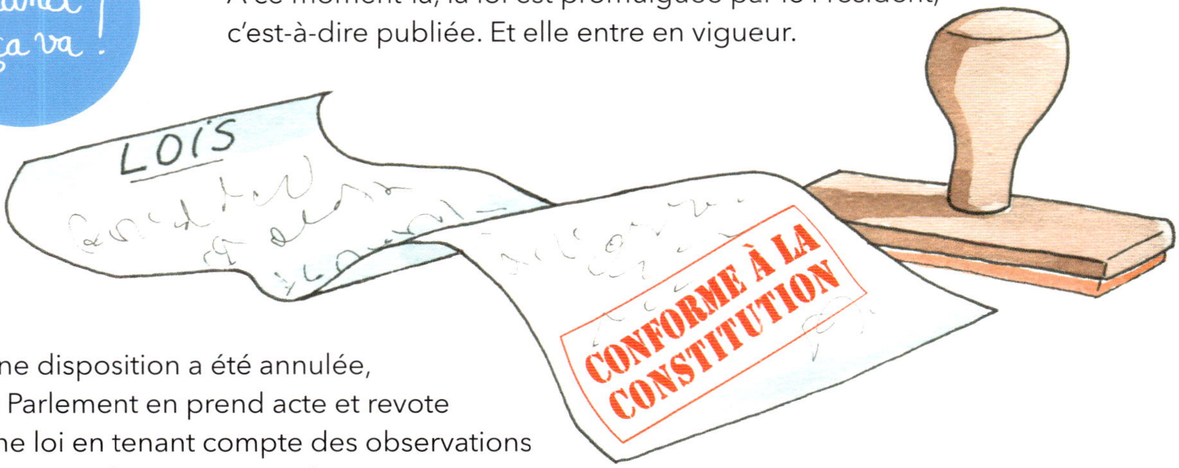

- Une disposition a été annulée, le Parlement en prend acte et revote une loi en tenant compte des observations du Conseil constitutionnel.

Quand ça va pas.

- Le Conseil constitutionnel empêche, par ses décisions, la mise en œuvre d'un élément très important du programme présidentiel.
- Le Conseil constitutionnel annule une loi qui était très importante aux yeux de la majorité.
  Exemple le « droit d'asile » : le Conseil constitutionnel a réaffirmé le caractère inattaquable du droit d'asile au nom de la dignité de l'humanité.
- Des nominations au Conseil constitutionnel servent les intérêts d'une famille politique.
- Les décisions du Conseil constitutionnel sont attaquées et son autorité est mise en cause.

Le Tribunal constitutionnel allemand sert aussi à arbitrer des litiges entre les Länder* et l'État central.

** Les Länder : divisions administratives comparables aux régions françaises.*

L'équivalent américain du Conseil constitutionnel serait la **Cour suprême américaine,** mais celle-ci penche parfois vers un « gouvernement des juges ».

Ces juges ont pu remettre entièrement en cause une loi au nom de leurs convictions politiques. Chez nous, le Conseil constitutionnel s'efforce en principe de l'éviter.

LE CONSEIL ÉCONOMIQUE, SOCIAL ET ENVIRONNEMENTAL

Le Conseil économique, social et environnemental est une assemblée composée de 233 personnes qui représentent des catégories de la population ou des groupes socio-économiques : agriculture, artisanat, patronat, syndicats et associations.

Ce sont eux que l'on appelle la « société civile ».

Quel est le rôle du Conseil économique, social et environnemental ?

Le Conseil économique, social et environnemental donne son avis sur certains projets de lois. Mais cet avis n'est pas contraignant. C'est un espace de dialogue et de consultations sans enjeux partisans et qui crée du débat.

- Il reçoit les pétitions des citoyens.
- Il organise des conférences citoyennes.
- Il permet à des personnes de milieux et d'intérêts très différents de se rencontrer et de travailler ensemble.

Lorsque le général de Gaulle, en 1969, voulut le fusionner avec le Sénat, il consulta le peuple français par référendum. Le « non » l'emporta. Désavoué, le général démissionna.

Aujourd'hui, le gouvernement voudrait diminuer le nombre de ses membres et en faire le lieu du débat citoyen.

Mais attention à ne pas écarter les syndicats et les partenaires sociaux au prétexte de faire entrer des citoyens tirés au sort !

À l'avenir, le Conseil économique social et environnemental pourrait être un conseil stratégique en matière de politiques environnementales, un lieu qui associerait tous les acteurs économiques, sociaux et environnementaux du pays pour les mobiliser sur les enjeux climatiques.

Le Conseil économique, social et environnemental

Quand ça va !

Les partenaires sociaux et les organismes choisissent des représentants de qualité.

L'avis du Conseil économique, social et environnemental permet au gouvernement d'éviter des erreurs et des conflits.

Le Conseil économique, social et environnemental est vu par les citoyens comme un moyen de faire connaître et valoir leurs positions à travers les pétitions.

Quand ça va pas.

- Le gouvernement ne consulte jamais le Conseil économique, social et environnemental.
- Les avis du Conseil économique, social et environnemental ne sont pas du tout suivis par le gouvernement.
- Comme le Conseil économique, social et environnemental n'est que consultatif, ses membres ne s'investissent pas autant qu'il le faudrait.

Ailleurs dans le monde...

Dans de nombreux pays démocratiques, il existe un Conseil économique social et environnemental.

Il y a même un Conseil économique et social européen, qui rassemble tous les partenaires sociaux (syndicalistes et employeurs) des 27 pays membres. Il émet des avis qu'il transmet aux institutions européennes.

LES ACTEURS DE LA SOCIÉTÉ CIVILE

La démocratie peut prendre plusieurs formes :

Politique

À travers les élections, les partis et les élus, qui agissent au nom et sous le contrôle des citoyens.

Citoyenne

Quand des personnes se rassemblent pour le bien commun à travers les associations et les fondations.

Sociale

Au niveau des entreprises, à travers les représentants des employeurs et des salariés. Mais aussi dans l'organisation de la Sécurité sociale.

LES SYNDICATS

Un syndicat est un groupe de personnes qui se réunissent pour défendre leurs intérêts.

Cela ne fait pas longtemps que le syndicalisme existe dans notre pays. La loi autorisant la liberté syndicale **date de 1884**. Auparavant, cette forme d'organisation n'était pas reconnue.

Les salariés vont adhérer à une confédération syndicale, les agriculteurs vont avoir un syndicat d'exploitants agricoles, les fonctionnaires peuvent aussi se syndiquer, etc.

Si chacun peut adhérer à un syndicat, à peine 19 % des salariés du service public sont syndiqués et ils ne sont que 8 % dans le secteur privé.

Que font les syndicats ?

À l'échelle de l'entreprise, les syndicats négocient avec les employeurs, au nom des salariés, pour fixer les salaires, les conditions de travail, les horaires, les congés, etc.

À l'échelle nationale, les syndicats de salariés et les organisations patronales sont des partenaires du gouvernement :

- Ils sont consultés sur de grandes questions (les retraites).
- Ils négocient les règles d'indemnisation du chômage.
- Ils participent au débat économique et social.
- Ils contestent un certain nombre de choix et, à travers leur mobilisation, défendent les droits des travailleurs.
- Ils défendent l'emploi quand il est menacé.
- Ils peuvent décider de lancer des mouvements de grève.

Qui a le droit de se syndiquer ?

Toute personne a le droit de se syndiquer, sauf les militaires.

Les entreprises de plus de 50 employés sont obligées de reconnaître la présence d'un ou plusieurs syndicats en leur sein. Mais, dans toute entreprise de plus de 10 salariés, il doit y avoir un délégué du personnel élu.

Dans les entreprises de plus de 50 employés, le comité d'entreprise doit être régulièrement informé de l'activité et des résultats de l'entreprise. Il est consulté sur l'organisation du travail et c'est lui qui gère la cantine et les possibilités de loisirs offertes par l'entreprise.

Il y a 5 syndicats représentatifs en France : la CFDT, la CGT, FO, la CFTC et la CGC.

Les représentants du personnel au comité d'entreprise sont élus par les autres salariés à travers des listes présentées par des syndicats.

Grèves et manifestations

Qu'est-ce que la grève ?

La grève est un arrêt collectif et volontaire du travail des salariés qui vise à faire pression sur l'employeur ou sur le gouvernement pour faire entendre les revendications des travailleurs.

Il y a des limites au droit de grève qui sont strictement définies pour les pompiers, les personnels de santé, les aiguilleurs du ciel, les gardiens de prison.

Les policiers peuvent être syndiqués, mais n'ont pas le droit de faire grève.

Le droit de grève commence à être reconnu en 1864. Avant cette date, on pouvait aller en prison si on faisait grève.

La manifestation est une autre forme de contestation.

Elle consiste à aller défiler dans les rues ou à occuper des lieux publics.
C'est une liberté en France qui est réglementée par une déclaration préalable auprès du préfet.

Qu'est-ce que le patronat ?

Les employeurs se regroupent eux aussi dans des fédérations professionnelles selon les différents secteurs économiques, ou les métiers. Ensemble, ils négocient avec les syndicats des salariés. **C'est le dialogue social.**

N'oublions jamais que les pays non démocratiques n'ont pas de syndicats.

Quand ça va !

Les conflits ne débouchent pas sur des grèves, mais sur un accord au niveau de l'entreprise ou national.

Les partenaires sociaux négocient sans que l'État ait besoin de se mêler de leurs discussions.

Les partenaires sociaux sont écoutés par l'État : c'est la **concertation**.

Quand ça va pas ?

Les syndicats ne sont pas présents dans les petites entreprises et les salariés ne sont pas bien défendus.

Les salariés ne se syndiquent pas assez, affaiblissant le pouvoir de leurs délégués. Pourtant, ce qui est obtenu par les syndicats sera au bénéfice de tous les salariés, et pas seulement des syndiqués.

Le défaut de dialogue aboutit à la grève : ce qui est coûteux pour l'entreprise, qui cesse de produire, et pour le salarié, qui n'est pas payé pendant la grève.

Les manifestations sont infiltrées par des casseurs et dégénèrent en violence et en casse.

En Allemagne, en Suède et même aux États-Unis, les syndicats sont beaucoup plus puissants qu'en France.

Dans certains pays, seuls les syndiqués bénéficient des avantages arrachés par leurs représentants.

Dans d'autres pays, les syndicalistes sont pourchassés par la police et licenciés de leurs entreprises.

Les associations

On se regroupe dans une association autour d'un but commun.

On trouve des associations dans tous les domaines :

- Sport (clubs sportifs...)
- Culture (troupes de théâtre, défense du patrimoine...)
- Défense d'un bien commun (nature, paysages...) ou d'un bien particulier (château, village...)
- Vie scolaire (parents d'élèves...)
- Consommation (défense des consommateurs...)
- Sociale (aide aux personnes défavorisées...)
- Centres d'intérêt / Passions (fans d'un artiste, d'un produit...) et bien d'autres.

Grâce à la loi de 1901, il est permis de créer une association sans demander d'autorisation à l'État ni même la déclarer. Avant cette loi très importante, c'était l'État qui donnait (ou non) cette autorisation.

Certaines associations sont très petites et d'autres comptent des millions d'adhérents.

Qu'est-ce qu'une association d'utilité publique ?

On dit qu'une association est reconnue d'utilité publique quand elle sert l'intérêt général, qu'elle ne recherche aucun bénéfice et qu'elle dispose de nombreux adhérents.

Si on verse des dons ou des cotisations à ces associations, on bénéficie d'avantages fiscaux et de réductions d'impôts.

L'État nous aide à être généreux !

Si on donne 100 € à une association d'utilité publique, on peut déduire 66 € de sa déclaration d'impôts.

Qu'est-ce qu'une fondation ?

Une fondation, c'est de l'argent privé mis au service d'une cause publique.
Les sommes placées vont servir à financer ses projets sur le long terme.

Les fondations agissent dans différents secteurs (hôpitaux, recherche, musées, accueil social, etc.) ou financent des projets, des prix, des bourses.

Qu'est-ce qu'une coopérative ?

Une coopérative est une entreprise qui appartient aux gens qui y travaillent.

Tous les employés d'une coopérative ont les mêmes droits et leurs voix ont toutes la même valeur.

Et si l'entreprise fait des bénéfices, ceux-ci sont répartis entre TOUS les salariés à parts égales.

Vive les associations qui font tourner la France !

Les associations font vivre la République parce que ce sont des citoyens qui s'organisent, s'engagent et animent la société.
Dans les associations, il y a des bénévoles (ceux qui ne sont pas payés) et des salariés qui apportent leur savoir-faire.

En France, **1 salarié sur 10** travaille dans le secteur non lucratif (une association ou une coopérative).

Il y a **1 300 000** associations.

Il y a **13 millions** de bénévoles.

35 % des plus de 65 ans font partie d'une association.

Les associations

Quand ça va !

- Les associations et les fondations contribuent à la réduction des inégalités.
- Les citoyens s'engagent et participent activement à la société.
- Les dons sont mobilisés en faveur des grandes causes.
- Les associations sont soutenues financièrement par l'État et les collectivités locales.

Quand ça va pas.

- Le fonctionnement de certaines associations n'est pas démocratique.
- Des erreurs de gestion ou des comportements frauduleux nuisent à l'image du bénévolat et des associations visées.
- Des associations font du commerce sans payer d'impôts.

Ailleurs dans le monde...

Les États-Unis sont le premier pays en nombre de bénévoles : 93 millions !

23 % des Européens âgés de plus de 15 ans participent à des activités bénévoles :

avec une moyenne de 40 % pour les Pays-Bas, la Suède et la Grande-Bretagne

et moins de 10 % pour la Bulgarie, la Grèce, l'Italie et la Lituanie.

LE TERRITOIRE FRANÇAIS

La France est divisée en « couches » administratives : les régions, les départements et les communes.

On parle d'ailleurs souvent du « millefeuille administratif ». Mais celui-là est beaucoup moins facile à digérer que le gâteau du même nom !

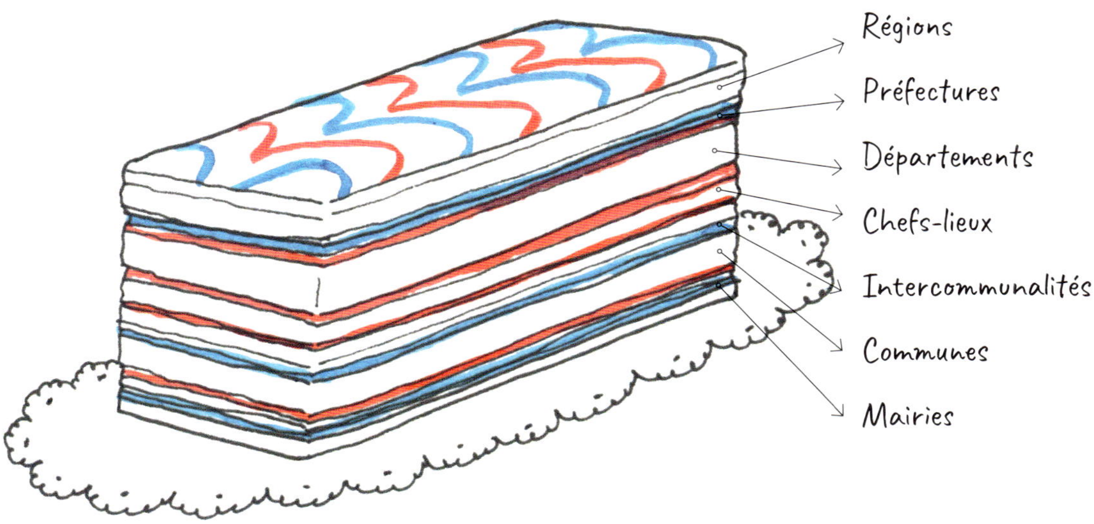

Paris, capitale avec un grand C

Il faudrait un livre entier consacré à Paris si on voulait vraiment en savoir plus.

CLOVIS

Un peu (tout petit peu) d'histoire

Sachez déjà que c'est Clovis, roi des Francs, qui décida le premier de faire de la petite cité des *Parisii* le centre du pouvoir politique de son royaume.

Paris a toujours eu un statut particulier parce qu'on a toujours craint que Paris ne soit une capitale rebelle. Et on n'avait pas tort…

La Fronde sous Louis XIV

La prise de la Bastille en 1789

Les renversements de Charles X et de Louis-Philippe

La Commune en 1870

Mai 68

Les Gilets jaunes

C'est normal que Paris soit le lieu des manifestations et de la colère, puisque la capitale est le lieu où siège le pouvoir. C'est là qu'on peut l'approcher pour mieux se faire entendre.

Paris est à la fois…

La capitale politique, où le chef de l'État, le gouvernement et les assemblées travaillent.

La capitale administrative, où les ministères sont implantés.

La capitale culturelle, où se condense le plus d'offres de musées, de théâtres, de cinémas et autres lieux de culture et de divertissement.

La capitale économique, où de grandes entreprises ont leur siège.

C'est beaucoup pour une seule ville, non ?

Si nous avions un État plus décentralisé, Paris ne provoquerait pas un sentiment d'injustice : les pouvoirs et les services seraient répartis plus équitablement.

Et ce n'est pas tout…

Paris est la ville la plus peuplée de France. Elle est la première des aires urbaines européennes (Paris et sa banlieue), devant Londres (avec 12 millions d'habitants).

Paris est la capitale du pays, mais aussi :

- la préfecture de la région Île-de-France,
- une ville qui est aussi un département,
- le cœur de la métropole du Grand Paris.

Paris n'est jumelé qu'à une seule ville : Rome. Et c'est valable aussi dans l'autre sens.

Qui dirige Paris ?

Avant 1977

Il n'y avait pas de maire de Paris parce que l'État ne voulait pas avoir, dans la capitale, un pouvoir qui lui échappe.
Il y avait un conseil de Paris élu par les Parisiens, mais l'exécutif était confié à un préfet nommé par l'État.
Les maires d'arrondissement étaient aussi nommés par l'État.

À partir de 1977

Le conseil de Paris, composé des élus de chacun des 17 arrondissements (à partir de 2020), élit le maire de Paris.
Les maires d'arrondissement sont également élus.

La sécurité de Paris est placée sous la responsabilité d'un préfet de police uniquement affecté à cette tâche.

Le maire de Paris

Le président du Grand Paris

Le président de la région Île-de-France

Les 17 maires d'arrondissement

Combien sont-ils ?

La Ville de Paris, c'est **2,2 millions d'habitants**.

La région Île-de-France englobe Paris et les 7 départements qui l'entourent. Elle représente ainsi 712 communes.

La région Île-de-France, c'est **12 millions d'habitants**.

Un Français sur cinq habite en région parisienne !

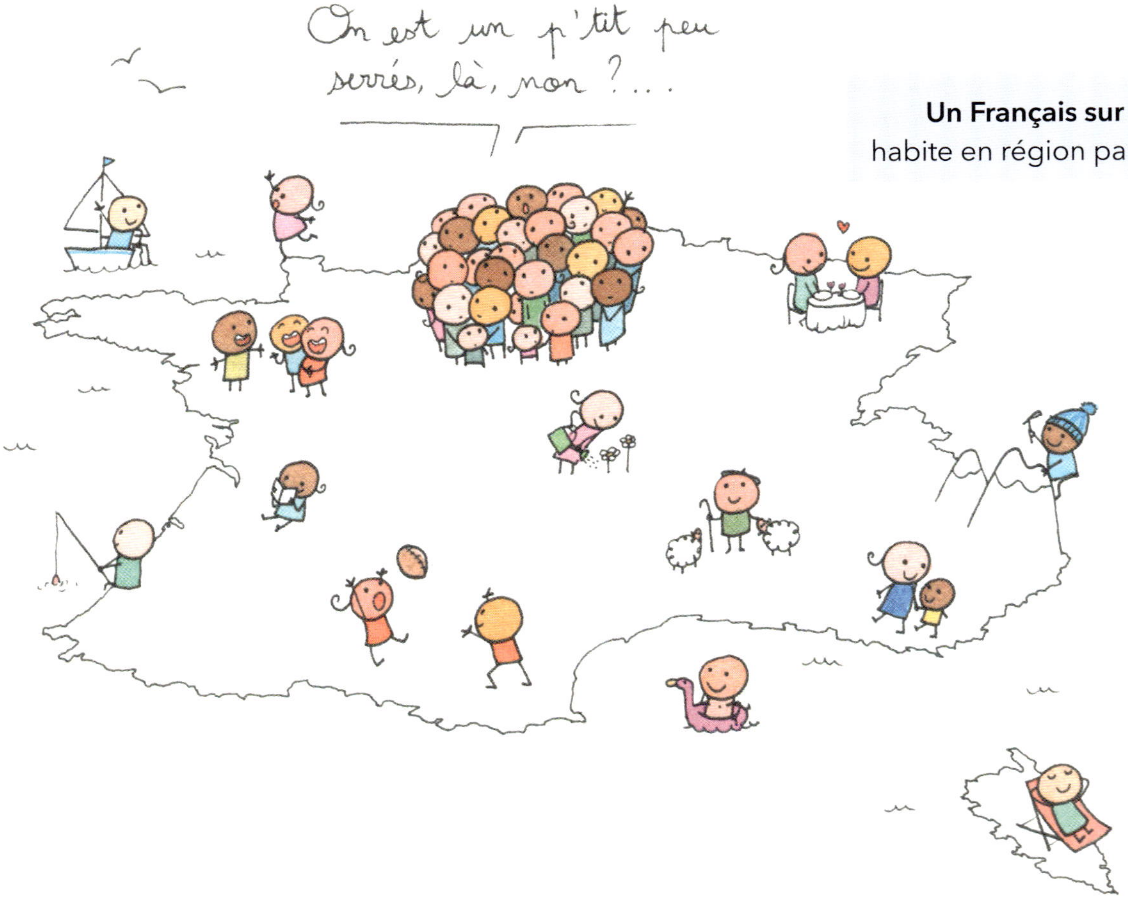

Le Grand Paris

Certains proposent de supprimer le périphérique, sorte de frontière entre Paris et la banlieue, mais que ferait-on des voitures ?

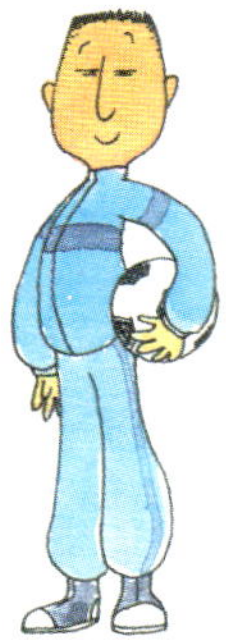

Pour gérer Paris et sa banlieue a été lancée, il y a de nombreuses années, **l'idée du Grand Paris**.

Mais certaines questions se posent. Ce Grand Paris irait jusqu'où ? Les communes les plus proches de Paris ou toute la région Île-de-France ? Quelles seraient les compétences de ce nouvel ensemble ? Les transports urbains, la police, l'écologie ? Quelle serait la place des maires de banlieue au sein du Grand Paris ?

Car beaucoup de communes sont méfiantes vis-à-vis de ce Grand Paris qui les « boufferait » et leur ferait perdre leurs pouvoirs locaux.
La Ville de Paris elle-même est réticente à s'étendre autant et à perdre son identité. Avec le « risque », pour les Parisiens, d'avoir un maire qui pourrait venir d'une des villes de banlieue. Sacrilège ! Bref, on n'arrive pas à trouver le bon périmètre pour Paris.

Quelques chiffres…

La gare du Nord est la gare la plus fréquentée d'Europe, avec plus de 200 millions de voyageurs par an.

302 stations de métro

Plus de 450 espaces verts

206 musées

130 salles de spectacles

LES RÉGIONS

Il y a 18 régions : 13 en métropole et 5 outre-mer.

Chaque région est à la fois :

Une collectivité locale
administrée par :
- une assemblée appelée conseil régional et
- un président élu pour 6 ans.

Un échelon administratif
représenté par :
- un préfet, responsable de la sécurité (les forces de l'ordre), nommé par le président de la République en Conseil des ministres.

Chaque région est divisée en **départements**.

Les régions ont été créées en 1982 dans le cadre des lois de décentralisation (l'État a transféré aux régions des compétences qu'il exerçait lui-même jusque-là).

Les régions sont des collectivités récentes, mais elles prennent de plus en plus d'importance.

Carte des régions de France et leurs chefs-lieux

La « capitale » d'une région est appelée **chef-lieu**.

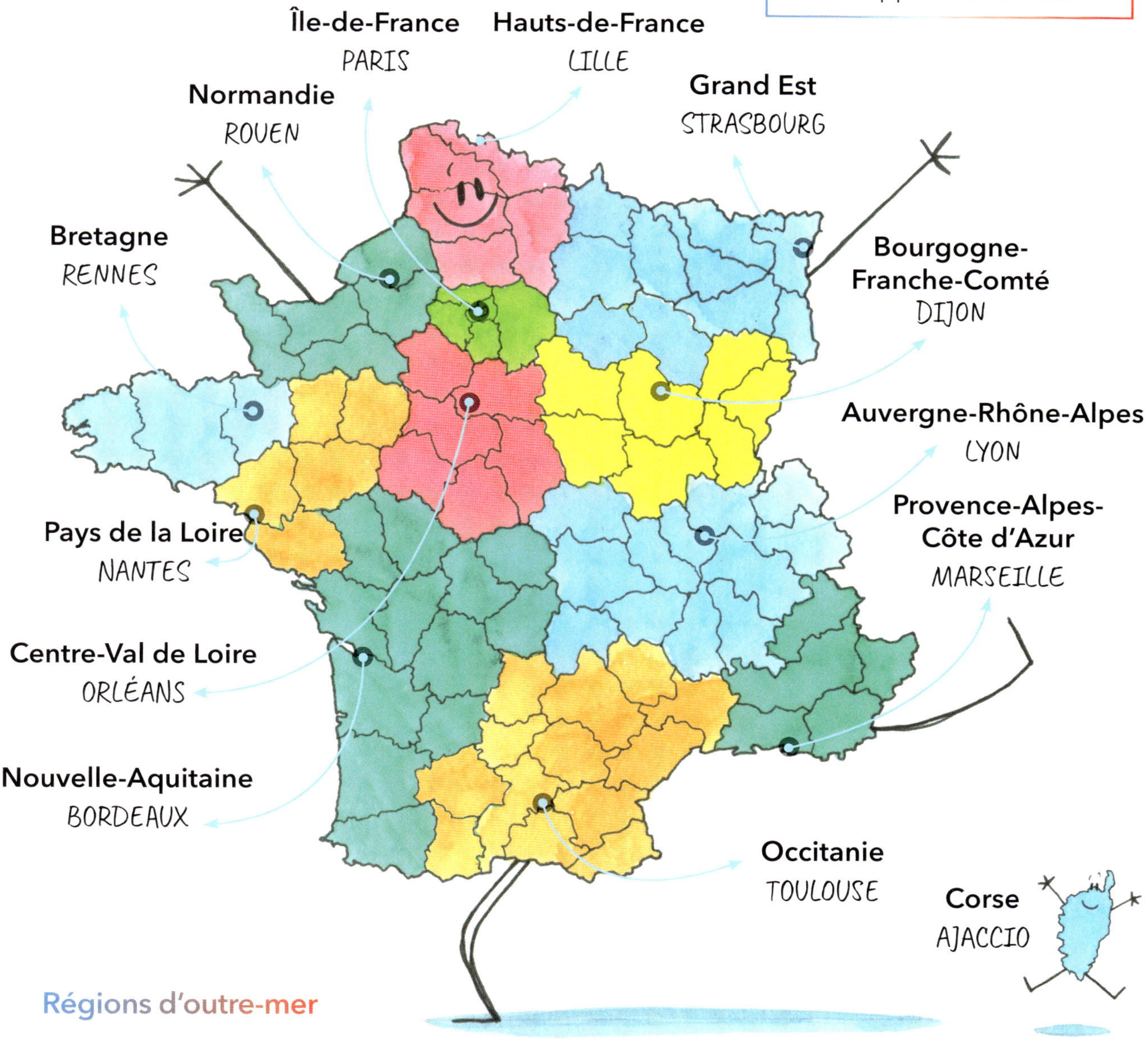

Régions d'outre-mer

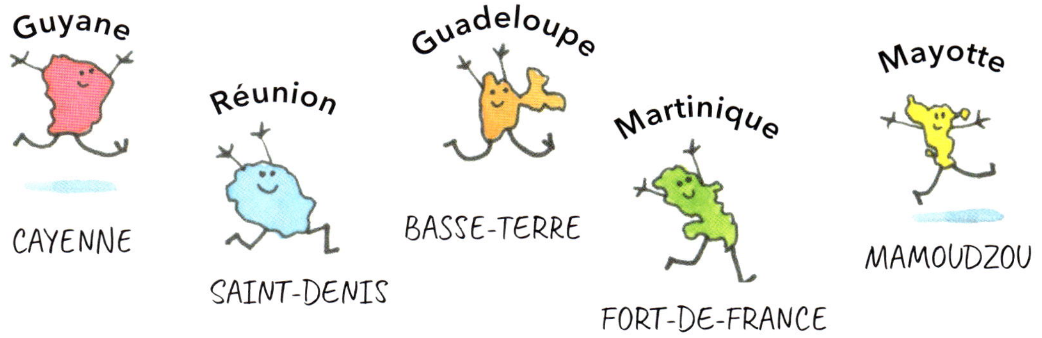

Il existe aussi des territoires d'outre-mer avec des statuts particuliers : Wallis-et-Futuna, Saint-Pierre-et-Miquelon, la Nouvelle-Calédonie, la Polynésie française, Saint-Barthélemy et Saint-Martin.

Quelles sont les compétences des régions ?

- Le soutien aux entreprises
- La protection de l'environnement, la gestion des réserves naturelles
- Les parcs régionaux
- L'aménagement du territoire par l'appui aux projets d'investissement des collectivités locales
- La construction et l'entretien des lycées
- Le soutien à l'agriculture
- La formation professionnelle, l'apprentissage
- Les transports (bus, trains...)

Comment sont financées les régions ?

La moitié des ressources des régions vient d'impôts payés par les entreprises, et l'autre moitié vient des dotations de l'État et de transferts d'impôts nationaux. Et, pour leurs investissements, elles recourent fréquemment à l'emprunt.

Mais, à un moment, il faut rembourser !

Les régions ne bénéficient pas d'impôts prélevés sur les particuliers, sauf sur les cartes grises et les permis de conduire.

Merci aux automobilistes !

Les départements

Il y a 101 départements, dont la plupart furent créés pendant la Révolution française pour remplacer les provinces de l'Ancien Régime, qui étaient de tailles inégales et dont les limites étaient floues.

Comme les révolutionnaires voulaient faire oublier les traces de la monarchie, et en particulier des provinces, ils décidèrent de créer les départements et de les nommer par un élément géographique : le « Cantal » désigne les montagnes, la « Sarthe » désigne la rivière qui le traverse, etc.

Chaque région est à la fois :

Une collectivité locale administrée par :

- un conseil départemental élu lors des élections départementales
- et un président élu pour 6 ans.

Un relais pour l'action de l'État, qui **nomme un préfet,** représentant de l'État et de toutes les administrations, et chargé du maintien de l'ordre.

Le préfet de département rend des comptes au préfet de région.

La taille des départements avait été fixée pour que chaque habitant du département puisse faire l'aller-retour à cheval entre son village et le chef-lieu dans la journée.

Si la voiture avait existé à l'époque, les départements auraient été beaucoup plus grands !

01 Ain
02 Aisne
03 Allier
04 Alpes-de-Haute-Provence
05 Hautes-Alpes
06 Alpes-Maritimes
07 Ardèche
08 Ardennes
09 Ariège
10 Aube
11 Aude
12 Aveyron
13 Bouches-du-Rhône
14 Calvados
15 Cantal
16 Charente
17 Charente-Maritime
18 Cher
19 Corrèze
2A Corse-du-Sud
2B Haute-Corse
21 Côte-d'Or
22 Côtes-d'Armor
23 Creuse
24 Dordogne
25 Doubs
26 Drôme
27 Eure
28 Eure-et-Loir
29 Finistère
30 Gars
31 Haute-Garonne
32 Gers
33 Gironde
34 Hérault
35 Ille-et-Vilaine
36 Indre
37 Indre-et-Loire
38 Isère
39 Jura
40 Landes
41 Loir-et-Cher
42 Loire
43 Haute-Loire
44 Loire-Atlantique
45 Loiret
46 Lot
47 Lot-et-Garonne
48 Lozère
49 Maine-et-Loire
50 Manche
51 Marne
52 Haute-Marne
53 Mayenne
54 Meurthe-et-Moselle
55 Meuse
56 Morbihan
57 Moselle
58 Nièvre
59 Nord
60 Oise
61 Orne
62 Pas-de-Calais
63 Puy-de-Dôme
64 Pyrénées-Atlantiques
65 Hautes-Pyrénées
66 Pyrénées-Orientales
67 Bas-Rhin
68 Haut-Rhin
69 Rhône
70 Haute-Saône
71 Saône-et-Loire
72 Sarthe
73 Savoie
74 Haute-Savoie
75 Paris
76 Seine-Maritime
77 Seine-et-Marne
78 Yvelines
79 Deux-Sèvres
80 Somme
81 Tarn
82 Tarn-et-Garonne
83 Var
84 Vaucluse
85 Vendée
86 Vienne
87 Haute-Vienne
88 Vosges
89 Yonne
90 Territoire de Belfort
91 Essonne
92 Hauts-de-Seine
93 Seine-Saint-Denis
94 Val-de-Marne
95 Val-d'Oise
971 Guadeloupe
972 Martinique
973 Guyane
974 La Réunion
976 Mayotte

Quelles sont les compétences des départements ?

L'aide aux familles en difficulté et à la petite enfance

Le soutien financier des communes

L'aide sociale et l'accompagnement des personnes âgées et handicapées

Le paiement du revenu minimum pour les plus pauvres

La construction et l'entretien des collèges

Le financement des services de lutte contre les incendies et de secours aux personnes (les pompiers)

Les limitations de vitesse sur les départementales

L'entretien des routes excepté les autoroutes et les routes nationales

Quelles sont les ressources des départements ?

Ils sont financés soit grâce aux impôts venant des entreprises, soit par les propriétaires *via* la taxe foncière. Mais le plus gros vient de l'État.

Comme il y a une très grande inégalité de ressources entre les départements, l'État veille à la solidarité entre eux en accordant des subventions. Mais c'est encore insuffisant pour combler les écarts.

Parmi les départements les plus riches : les Alpes-Maritimes ou les Hauts-de-Seine, et parmi les plus pauvres : le Pas-de-Calais ou l'Aude.

LES COMMUNES

La commune est la collectivité de base de notre République. C'est la feuille tout en bas du millefeuille administratif !

Il y a 34 968 communes, qui ont des tailles très différentes. La commune peut représenter une grande ville comme un petit village.

Chaque département comporte un nombre variable de communes. La ville de Paris est un département à elle seule et, à l'inverse, la Moselle compte 727 communes.

Chaque commune est administrée par un conseil municipal présidé par un maire.

La commune la plus peuplée est Paris, avec plus de 2 millions d'habitants.

La commune la moins peuplée est Rochefourchat, dans la Drôme, qui ne compte qu'**1 seul habitant**.

Chaque commune fait désormais partie d'une intercommunalité, laquelle doit avoir au moins 15 000 habitants.

Toutes les communes sont gérées de la même façon, sauf Paris, Lyon et Marseille, qui comportent des arrondissements.

La France compte 21 métropoles, qui sont des intercommunalités de plus de 400 000 habitants.

De quoi s'occupe la commune ?

des besoins quotidiens de la population

de l'enregistrement de l'état civil (naissance, mariage, décès)

des espaces verts

des activités culturelles

de l'assainissement des eaux

du logement

des routes communales

de l'ouverture et de l'entretien des écoles maternelles et élémentaires, y compris la cantine

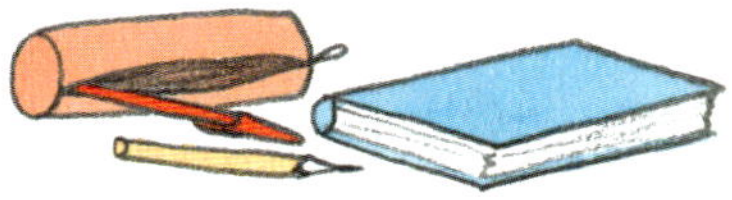

Bref, elle s'occupe de tout ce qui lui paraît nécessaire pour la vie de ses habitants.

Les plus petites communes ne pouvant pas fournir tous les services d'une ville, elles se sont regroupées en **intercommunalités**.

Comment sont financées les communes ?

Longtemps, tous les habitants d'une commune devaient payer la taxe d'habitation, qu'ils soient locataires ou propriétaires. Comme elle va être progressivement supprimée, l'État va compenser cette perte. Pour ce qui est des entreprises, elles paient aussi une contribution à la commune, mais, au fil du temps, la part principale vient de l'État.

Le paradoxe est que l'État transfère de plus en plus de charges et de compétences aux communes tout en leur ôtant la capacité de lever des impôts. L'État promet de les compenser, mais aucune garantie ne leur est donnée. Et le citoyen ne sait plus ce qu'il verse à la commune. Or, le paiement de l'impôt, c'est l'acte d'appartenance à la collectivité.

LE TERRITOIRE FRANÇAIS

Quand ça va !

- L'État respecte les élus locaux et leur transfère des compétences avec les ressources correspondantes.
- Les départements et les régions travaillent bien ensemble et coordonnent leurs interventions.
- La capitale et les métropoles rayonnent sur l'ensemble du territoire.
- Les citoyens s'engagent dans la vie de leur commune.
- Une solidarité entre les territoires est assurée au bénéfice des collectivités locales les plus fragiles, là où la population est la plus pauvre.

Quand ça va pas ?

- Paris et les métropoles captent l'essentiel de la richesse.
- L'État centralise les décisions en réduisant les libertés des collectivités locales.
- Des territoires se sentent oubliés (les zones rurales ainsi que les banlieues des grandes villes).
- Les services publics essentiels (école, santé, transports) ne sont plus présents.
- Les collectivités locales ne disposent plus de suffisamment d'argent pour assurer leur bon fonctionnement.

Ailleurs dans le monde...

- Tokyo est la plus grande métropole du monde, avec plus de 38 millions d'habitants.
- En Europe, c'est Paris (et sa banlieue) qui est la plus grande métropole, avec plus de 12 millions d'habitants.

Vive la République !

Quand ça va !

Les Françaises et les Français viennent voter nombreux à toutes les élections.

Les citoyens ont confiance dans leurs représentants.

Les candidats à la présidence de la République et les partis politiques présentent des programmes clairs et adaptés aux grands problèmes du pays, de l'Europe et du monde, pour que les électeurs choisissent en toute connaissance de cause leur destin.

Le Président et le gouvernement dirigent l'État. Le Parlement vote la loi, la justice la fait respecter, les collectivités locales disposent des libertés et des ressources pour agir. Les partenaires sociaux (patronat et syndicats) négocient pour trouver le meilleur compromis afin que la croissance de ce qui est produit soit au bénéfice de tous.

Quand ça va pas !

Les Françaises et les Français considèrent que leur vote ne sert à rien, ne change rien, ne construit rien.

De nombreux citoyens ne croient plus en la République. Ils s'en sentent exclus, car ils ne trouvent plus leur place dans leur quartier, dans leur commune et même dans leur travail.

Le dialogue entre les dirigeants et les gens ne fonctionne plus.
Les uns n'écoutent pas pour décider. Les autres ne cherchent plus à discuter.

Le désordre s'installe. C'est la crise. La République peut être en danger.

Nous devons tous défendre ces acquis : le droit de vote, l'égalité entre tous les citoyens, notamment entre les femmes et les hommes, la liberté d'expression, la vie en commun dans le respect des croyances et des convictions (laïcité).

C'est ce qui a été conquis par les générations qui vous ont précédés.
Voilà ce que vous aurez à votre tour à transmettre, dès que vous deviendrez des citoyennes et des citoyens, à 18 ans, l'âge de la majorité.